JEUX D'EVEIL ET DE DEVELOPPEMENT POUR BEBE

D0995713

Jeux d'éveil et de développement pour BÉBÉ

Chantecler

Sommaire

De 0 à 3 mois

De 3 à 6 mois

De 6 à 9 mois

De 9 à 12 mois

Introduction

Les bébés aiment beaucoup jouer, faire les choses pour le simple plaisir de les faire, parce que c'est amusant. Mais le jeu, c'est bien plus que ça. En jouant, les bébés apprennent à comprendre le monde qui les entoure. Car jouer signifie découvrir, s'exercer et analyser continuellement les choses. Jouer, c'est apprendre à se connaître soi-même et à s'ouvrir aux autres.

Les petits jeux de ce livre sont classés par ordre chronologique et ils ont été choisis pour correspondre aux différents stades de développement de votre bébé, durant les douze premiers mois de sa vie. N'oubliez pas de revenir de temps en temps en arrière!

Les bébés ont un sens infaillible pour percevoir si vous êtes pressé ou non. Prenez le temps et cherchez aussi des moments pour vous-même. Pourquoi ne pas se réserver une "période de jeux" fixe dans la journée?

Chaque bébé se développe à sa manière et à son propre rythme. Le plus important est de donner à bébé l'espace et le temps de se développer. Observez-le bien et écoutez attentivement ce qu'il "dit". Même s'il ne sait "parler" qu'avec son nez, sa bouche, ses yeux, ses bras et ses jambes. Ce n'est que de cette manière que vous découvrirez s'il aime les jeux que vous lui proposez.

L'auteur

De 0 à 3 mois

Pendant les trois premiers mois de la vie d'un bébé, ce sont les sens qui jouent le rôle principal. Ce qu'il percevra du monde extérieur dépend de ce qu'il sent, entend, voit et ressent.

Les nouveau-nés voient de manière très nette les objets situés à une distance de 20 centimètres et peuvent suivre des yeux un objet qui bouge lentement. De plus, ils marquent une nette préférence pour les formes de grande dimension, contrastées, rondes et pas trop compliquées. Ils sont équipés pour percevoir ce qui est le plus important pour eux: le visage humain.

Mais il n'y a pas que les yeux qui sont déterminants. Déjà après une semaine, bébé reconnaît l'odeur de sa mère et réagit au son de sa voix. Son ouïe est aussi développée que celle d'un adulte: des sons bruyants le font sursauter et il se calme lorsqu'il entend les notes de sa musique préférée.

Bébé sent surtout avec la peau. Il trouve très agréable d'être pris, serré et bercé; caresser et masser sa peau n'est pas seulement très sain mais a également un effet calmant.

Bien que manger et dormir soient les deux occupations principales de bébé pendant les premiers mois, il a de semaine en semaine de plus en plus de contacts avec son environnement. A la fin du troisième mois, il reconnaît les personnes qui le nourrissent et le câlinent. Il regarde, sourit, émet des petits sons, bouge les bras et les jambes et manifeste son contentement lorsqu'on lui prête attention.

Le bavardage avec bébé

Bébé adore entendre parler. Il adore le son de la voix maternelle et la reconnaît très rapidement. La moindre petite conversation stimule son développement. Il découvre l'existence de toute une gamme de sons et de mots. Il remarque qu'une chanson est différente d'une petite histoire, que la voix de papa est différente de celle de maman, que les objets portent un nom. Il faut parler avec bébé quand on est occupé avec lui. S'il vous est difficile de parler dans le vide, racontez-lui simplement ce que vous êtes en train de faire.

Pourquoi ne pas instaurer un petit quart d'heure de "papotage"? Installez bébé sur le haut de vos jambes et remontez les genoux. Appuyez bien votre dos contre un soutien ferme, pour être bien mis. Veillez à ce que bébé soit aussi installé confortablement, les bras et les jambes pouvant bouger, son visage tourné vers le vôtre. Parlez-lui de son nez, de ses jolis chaussons ou de son humeur. Observez ses réactions. Posez-lui des questions et donnez également les réponses. Parlez autant que possible *avec* votre bébé et pas *de* lui. La meilleure période pour parler se situe après le repas. Il est éveillé et attentif. Inutile de mettre la radio ou la télévision. Votre image et le son de votre voix sont ce qu'il y a de plus intéressant pour bébé.

La fête de l'eau

Si vous cherchez un moment propice de détente à deux, prenez un bain avec bébé ou allez sous la douche. Faites en sorte d'avoir le temps. Fermez la porte d'entrée, débranchez le téléphone et mettez votre musique préférée. Chauffez la salle de bains pour qu'il y règne une température agréable. Si vous n'avez pas de chauffage dans la salle de bains, cela ne fait rien: enveloppez bébé dans une serviette de bain bien douce et faites couler le bain ou la douche à l'avance. Ayez une deuxième serviette de bain sous la main.

Profitez de l'eau bien chaude et tenez bébé tout contre vous. Certains bébés sont un peu effrayés au début par la grande quantité d'eau. Allez tout doucement et ne faites pas de mouvements brusques. Peut-être que bébé aime bien avoir une serviette autour de lui, même quand il est dans le bain. Un autre préférera se retrouver tout nu.

Bercez bébé en lui imprimant un léger mouvement de va-et-vient et frictionnez doucement ses mains, ses pieds, son ventre et son dos. Fredonnez un air de musique ou chantez en duo la chanson que vous entendez. Restez autant que possible dans l'eau et ne laissez pas refroidir l'eau du bain. Les bébés ont vite froid. Vous en avez déjà assez? Enveloppez-vous, ainsi que bébé, dans une grande serviette de bain et profitez encore un peu de ce moment si agréable.

Le massage de bébé

Si bébé est souvent caressé, il apprend à connaître et à sentir son corps. Les caresses stimulent sa respiration, sa circulation sanguine et sa digestion et elles ont un effet calmant.

Attendez qu'au moins une demi-heure se soit écoulée depuis le repas, faites en sorte que la chambre soit bien chaude et déshabillez bébé. Enduisez vos mains avec de l'huile *(retirez vos bijoux)* et frottez-les l'une contre l'autre jusqu'à ce que l'huile soit chaude. Parlez pendant ce temps à bébé, racontez-lui par exemple pourquoi il est important que vos mains soient chaudes et ce que vous allez faire.

Les bras et les jambes: Le massage des bras et des jambes peut aussi bien se faire couché sur le dos que couché sur le ventre. Massez toujours en partant de la poitrine pour aller vers les mains via les épaules et à partir du ventre via les hanches vers les orteils. Utilisez les extrémités des doigts. Procédez d'abord en frôlant, puis pressez doucement avec le pouce et l'index. N'oubliez pas les mains et les pieds de bébé!

Tête et visage: Faites des mouvements circulaires avec le bout des doigts sur le front, le nez, les joues, les tempes et le menton. Caressez le côté de la tête en commençant par le front et en terminant par le menton. Massez le cou de bébé et, après avoir pincé doucement ses oreilles, déposez un baiser sur chaque lobe.

Dos: Mettez bébé sur le ventre, sur une table ou, mieux encore, sur le haut de vos jambes. Faites un mouvement vertical, allant des épaules vers les cuisses. Faites le même mouvement en diagonale. Terminez en imitant avec vos doigts les gouttes de pluie qui tombent sur le dos de bébé.

Objets à observer

Quand bébé est éveillé, une de ses occupations favorites est de regarder autour de lui. Suspendez ou déposez des jolies choses à un endroit où il peut bien les voir. N'oubliez pas que bébé est particulièrement attiré par des formes rondes, des couleurs claires et contrastées et de grandes images pas trop compliquées. Il apprécie encore plus les lignes bien nettes.

Exercez vos talents avec du papier et du tissu. Dessinez une grande pomme verte sur un fond rouge, une vache avec de grandes taches, un soleil tout jaune sur un ciel bleu, un visage souriant...

Attention: L'expression "plus il y en a, mieux c'est" ne s'applique pas ici! S'il y a beaucoup d'objets à regarder, bébé sera inquiet. En changer souvent n'est pas non plus nécessaire. Bébé va petit à petit reconnaître ses propres objets et aime observer des choses connues.

Gymnastique matinale

Chaque bébé a sa position particulière pour dormir. Il retrouve la position qu'il avait déjà dans le ventre maternel. C'est cette position qu'il aime prendre, mais cela le rend aussi un peu paresseux.

En le tournant de temps en temps et en l'aidant à fortifier les muscles de son cou, non seulement vous favorisez le développement de ses muscles, mais vous rendez les choses plus intéressantes. Car même s'il n'est pas encore capable de le faire lui-même, il aime pouvoir observer le monde d'un autre côté.

Déposez bébé sur un tapis ou une couverture étalée à même le sol. Couchez-vous sur le ventre, le visage tourné vers lui. Appelez-le doucement par son nom. Pour pouvoir vous regarder, bébé doit soulever la tête et tourner son visage. Vous remarquerez que ce mouvement lui demande un gros effort au début, mais que bien vite cela va plus facilement. N'oubliez pas de le récompenser de sa peine par un gros bisou.

Variante: Faites le même jeu à l'extérieur, sur une couverture étalée dans l'herbe, ou sur la table à langer. Servez-vous d'un petit animal qui fait du bruit, d'un trousseau de clés en plastique ou d'un hochet. Le bruit et le mouvement le pousseront à partir à la découverte et, comme dans le jeu précédent, il cherchera à tourner la tête.

Rimes corporelles

Les parties du corps de bébé sont une source inépuisable de conversation et d'information. Il faut bien sûr que vous les nommiez, car bébé ne dit pas encore grand-chose. En séchant bébé, on passe toutes les parties du corps en revue. Faites-en un petit jeu. La répétition de petites phrases telles que: *"On commence par le nez"*,

"Maintenant, au tour de ton ventre", "Où se cache ta petite main?", "Il ne faut pas oublier tes orteils!" permet à bébé de découvrir son propre corps.

Vous pouvez aussi utiliser la comptine suivante:

> Tapent, tapent les petites mains
> Frappent, frappent les petits pieds
> Rient, rient les petites dents
> Et tout le monde est content

La plupart des bébés n'aiment pas quand on les habille. Si on suspend un miroir à côté de la table à langer, bébé est distrait par ses propres mouvements et vous aurez tous les deux beaucoup de plaisir.

Rock'n'roll

Danser est un bon moyen de se divertir. C'est un vrai moment de détente pour bébé. Mais pas que cela. Les mouvements rythmiques sont à la base de la marche, de la course et du saut qui apparaîtront plus tard.

Tout le monde peut danser. Il suffit de se laisser aller. Mettez de la musique et laissez les sons agir sur vous. Prenez votre bébé dans vos bras et demandez-lui s'il a envie de danser. Dansez avec lui tout autour de la pièce. Associez-le à la musique. Fredonnez ou chantez la mélodie que vous entendez. Tournez, faites toutes sortes de figures et imaginez de nouveaux pas. Votre bébé a-t-il une préférence pour une musique calme ou bien est-ce déjà un rocker-né? N'oubliez pas de le remercier pour cette danse!

Bon à savoir: L'ouïe des bébés est déjà très perfectionnée avant la naissance. Bébé entend et sent quelle est votre musique favorite quand il est encore dans le ventre maternel. S'il entend la même musique une fois né, il la reconnaîtra et cela le calmera.

Chatouille-papouille

La chatouille-papouille se compose de trois éléments: un vers ou un récit dont le rôle principal est tenu par un animal, une mise en scène amusante et des doigts pour grimper. Succès garanti!

Glissez les doigts au rythme des mots sur le ventre de bébé en direction du cou. Dans la dernière partie, vous laissez courir vos doigts pour le chatouiller.

Le petit bedon est tout rond
La petite souris trotte vers son nid
Le petit cou est tout doux
La petite souris y fera son lit

On peut bien sûr aussi passer à une autre partie du corps.

Deux fringants chevaux, clipiticlop, clipiticlop
Vont à l'écurie, clipiticlip, clipiticlip
Est-ce ici madame? Est-ce ici monsieur?
Non, non pas du tout, ici ce sont... les yeux!

Pensez à un animal qui peut voler. Pourquoi pas une abeille? Décrivez avec votre doigt des cercles en l'air, en imitant le bruit de l'abeille. Rapprochez toujours vos doigts. Créez lentement une certaine tension. Bébé va essayer de suivre vos doigts des yeux. Au tout dernier moment, atterrissez avec un baiser sur son nez.

La cassette-consolation

Donnez à bébé sa propre cassette. Enregistrez tout ce que vous lui dites: quand vous lui chantez une chanson, récitez une poésie ou racontez une histoire. Passez la cassette quand bébé est triste, ne se sent pas bien ou se sent un peu seul. Le fait d'entendre une voix qu'il connaît bien le console et le tranquillise. Vous pouvez aussi donner la cassette à mammy ou papy lorsque bébé leur rend visite ou reste loger chez eux.

Une autre possibilité est d'enregistrer le son de la voix de bébé. Vous créez ainsi une cassette tout à fait unique. Enregistrez les sons qu'il émet quand il est heureux et quand il pleure, car le seul fait d'entendre son propre chagrin peut endormir bébé. Et vous aurez une cassette très particulière à lui offrir plus tard.

Le vélo

Bébé est surtout très actif quand il n'a pas trop chaud et qu'il a peu ou pas de vêtements. Il aime bouger dans un environnement qui n'est pas trop froid. Mais il aime aussi être pris dans les bras, être bercé ou "faire du vélo" avec vous.

0 à 3

m o i s

"Faire du vélo" se résume à étendre les jambes. Par le fait de replier et d'étendre tour à tour les jambes, les muscles abdominaux de bébé peuvent être exercés.

> Tapent, tapent les petits pieds
> Marchent, marchent les petites jambes
> Vite, vite ou sinon
> Le chat t'attrapera

Après l'exercice, voici la détente avec le mouvement de "balançoire". Repliez les deux genoux de bébé vers son ventre et poussez-les doucement dans un sens puis dans l'autre. Le bas du corps de bébé va se balancer tout seul. Quand bébé sera plus grand, vous pourrez facilement réaliser ces exercices ensemble. Excellent pour votre forme et bébé y trouve aussi son compte!

Le "son et lumière"

Bébé est fasciné par le mouvement. Déjà après une à deux semaines, il est capable de suivre un objet des yeux. Exploitez cette capacité en confectionnant un "son et lumière" original. Achetez une balle en mousse qui produit un son et enveloppez-la dans une feuille de papier coloré. Fixez la balle à un élastique au plafond. Comme elle est très légère, le moindre courant d'air la fait bouger. La réflexion de la lumière et le bruit d'une sonnette attachée à la balle offrent à bébé un "son et lumière" original.

Mais le plus gai est bien sûr quand bébé réussit *lui-même* à faire bouger la balle en la frappant avec ses mains ou ses pieds. Pour cela, il suffit de suspendre la balle à une ficelle qui est tendue au-dessus du lit ou du berceau. La balle bouge moins et bébé arrive plus facilement à la contrôler. Placez bébé de manière que ses mains ou ses pieds se trouvent juste en dessous de la balle. La première fois, il la touchera par mégarde, mais ensuite c'est lui qui provoquera le mouvement et il recommencera ce petit jeu avec beaucoup de plaisir.

Façons de porter bébé

Bébé peut être porté de toutes les manières. Couché à plat sur le dos, un peu plus droit, dans un tissu enroulé autour de soi, dans un sac kangourou ou un sac à dos, sur le ventre... Certaines positions sont plus actives que d'autres.

Bien couché sur le dos, dans vos bras, bébé aura vite tendance à fermer les yeux. S'il est un peu plus droit, les cuisses sur votre bras et la tête contre l'épaule, ses yeux s'ouvriront tout seuls et son attitude sera plus active.

Pour avoir les mains libres et pouvoir travailler, ou bien si bébé pleure beaucoup, le sac kangourou est la solution idéale. Les bébés adorent généralement ce genre de sac. Il permet un contact rapproché avec le corps chaud de maman ou de papa, procure un léger balancement qui le calme et lui donne la certitude de ne pas être seul. Sans oublier que cette manière de porter bébé est très pratique pour faire les courses ou emprunter les transports publics.

Et pour terminer, voici une méthode un peu moins courante de porter bébé en le couchant sur le ventre. Glissez votre avant-bras sous le ventre de bébé et laissez reposer sa tête dans le creux du coude. De cette manière, bébé apprend à utiliser les muscles du cou et, croyez-le ou non, la majorité des bébés adore être portée ainsi!

Monsieur Pouce

Les premiers mois, les mains de bébé sont encore fermées. Les poings sont fermés et ne s'ouvrent que lorsqu'on frotte doucement le dos de la main.

De plus, ces petites mains sont dotées d'un bon réflexe: le réflexe d'agrippement. Lorsqu'on touche la paume de la main, les doigts se referment immédiatement. La force de cette prise est très perceptible. Essayez donc de retirer votre doigt!

Dès que bébé aura ouvert ses mains, il va trouver très agréable de tendre et de replier ses doigts. La comptine suivante accompagnera cette activité.

Voici ma main.
Voici mes doigts.
Le petit, rentre chez toi!
Le moyen, rentre chez toi!
Le gros, rentre chez toi!
Et toi, mets ton nez là!

Bon à savoir: Autrefois, les bébés devaient s'accrocher avec les mains et les pieds, c'est pourquoi ce réflexe est aussi présent dans les pieds. Tenir un crayon avec les orteils est l'enfance de l'art pour bébé.

Le journal de bébé

Réalisez un journal de bébé tout à fait exclusif en écrivant, découpant et collant tout ce qui concerne bébé et ce qui se passe autour de lui. Ce sera très agréable à découvrir plus tard et cela permet de garder une trace de ces premiers moments toujours très chargés d'émotion.

Envoyez une lettre ou un poème à bébé (c'est bien de le rédiger soi-même, mais il n'est pas interdit de recopier, tout le monde n'a pas des talents d'écrivain). Racontez à bébé pourquoi vous le trouvez beau, gentil, agréable ou... seulement très lassant. Expliquez-lui le sens de son nom, qui l'a choisi, quelles étaient les autres propositions. Ecrivez ce qui se passe chaque jour. Vous apprendrez à observer bébé par la même occasion.

N'oubliez pas de vous informer des réactions de grand-mère et grand-père, des frères et sœurs. Eux aussi ont peut-être envie de dessiner ou d'écrire quelque chose. Conservez tout dans un beau cahier. Attention: commencer n'est pas difficile, le tout est de savoir s'arrêter.

Variante: Vous pouvez enrichir le journal avec des articles découpés dans les journaux et/ou avec des photos des dernières nouvelles. Bébé aura ainsi plus tard un bon aperçu de ce qui se passait au moment où il est né.

Jouer avec des poupées

Mettez à hauteur du visage de bébé une poupée colorée ou une marionnette. Déplacez-la lentement de la gauche vers la droite. Regardez si bébé la suit des yeux. Pensez à la distance à garder. *Un nouveau-né a une vision nette des choses jusqu'à une distance de 20 cm, trois mois plus tard sa vision est quasi aussi perçante que celle d'un adulte.* Ce sont surtout les yeux, le nez, la bouche et les cheveux de la poupée qui attirent bébé.

Les marionnettes sont faciles à confectionner. Les plus belles doivent leur existence aux chaussettes de sport. Créez un nouvel ami pour bébé en dessinant deux grands yeux ronds, un nez et une bouche sur la semelle de la chaussette. Employez pour cela une encre indélébile. Pour les yeux, prenez des boutons mais assurez-vous qu'ils tiennent bien. Et faites-lui une belle chevelure flamboyante en fixant des fils de laine à la couture de la chaussette.

Mettez la main dans la chaussette et attirez l'attention de bébé en faisant un mouvement de va-et-vient devant son visage. Présentez la marionnette à bébé: *Coucou, c'est moi, Sidonie! Veux-tu jouer avec moi? Regarde, je sais aussi bouger! Regarde tout ce que je sais faire...*

Elongation

Cet exercice pour les muscles des bras plaira certainement à bébé. Les bébés aiment s'étirer, surtout quand ils sont encore petits et qu'ils ne contrôlent pas leurs mouvements. Il faut bien sûr un peu les aider à s'étirer et à se courber car, seuls, ils n'y arrivent pas. C'est encore plus amusant sur un tapis avec un fond de musique, en écoutant maman raconter une histoire ou chanter. Prenez ses menottes dans vos mains, croisez ses bras sur la poitrine et entonnez:

Sur le pont d'Avignon, l'on y danse, l'on y danse
Sur le pont d'Avignon, l'on y danse tous en rond
Les beaux messieurs font comme ça *(écarter largement les bras)*
Et puis encore comme ça *(plier les bras, mains sous le menton)*
Les belles dames font comme ça *(tirer les bras vers le haut)*
Et puis encore comme ça *(plier les bras, mains sur le ventre)*

De 3 à 6 mois

Les sens de bébé sont maintenant tout à fait développés et il devient de plus en plus actif. Il reconnaît les gens, les choses et les événements, fait comprendre ce qu'il aime ou n'aime pas en gazouillant, riant ou en se fâchant, commence à être intrigué par sa propre image dans le miroir et attache de l'importance aux réactions qu'il provoque.

C'est à cette période que bébé découvre ses pieds et ses mains. Il les regarde, joue avec eux et les suce. Après les avoir étudiées en détail, bébé va se mettre à utiliser ses mains. A 5 mois, il arrive à saisir tout ce qui est à portée de main et à le fourrer en bouche.

Les sons émis le sont plus longtemps et la gamme s'étend. Bien qu'à 3 mois bébé soit capable de restituer tous les sons que font les adultes, il n'imite pas les sons. Il les invente lui-même.

Bébé adore qu'on joue avec lui. Surtout quand il reconnaît le jeu et sait ce qui va se passer. Avec le rire qui s'ensuit, la tension est éliminée. La frontière entre le rire et les pleurs est très réduite. Un excès de tension et bébé éclate en sanglots.

Pendant ces trois mois, le répertoire de bébé s'élargit à toute allure. Il laissera voir qu'il prend plaisir à faire certaines choses et vous fera comprendre à sa manière qu'il veut recommencer. Il remarque aussi que les gens sont plus intéressants que les jouets parce que ce sont eux qui font les choses.

L'aventure de l'odorat

Les bébés sont de fins limiers, d'ailleurs très difficiles à satisfaire. Un nouveau-né reconnaît dès la naissance l'odeur du sein maternel, adore les bananes et l'odeur de la vanille, n'apprécie pas l'odeur des crevettes et déteste l'odeur d'œuf pourri.

Pour stimuler l'odorat de bébé, partez avec lui à la découverte des odeurs. Humez dans la cuisine l'odeur du pain fraîchement cuit ou de l'orange que l'on vient de peler. Ouvrez les bouteilles de shampooing et laissez bébé découvrir les odeurs qui emplissent la salle de bains. Sortez avec lui et allez renifler ensemble l'herbe, sentir les fleurs et les feuilles. Bébé va certainement les apprécier.

Jouer à attraper

Les jeux où l'on essaie de saisir quelque chose apportent beaucoup de plaisir. Comme il y a une répétition du même mouvement, bébé reconnaîtra rapidement le jeu et attendra le dénouement avec beaucoup d'intérêt. Passez vos doigts sur son ventre et vous sentirez la tension dans son corps. Rampez lentement vers lui quand il se trouve dans sa petite chaise et regardez comment il réagit. Si vous répondez à son attente, il montrera sa joie dans un grand éclat de rire.

Rampez lentement vers bébé. Mais restez néanmoins dans son champ visuel. Baissez le ton de votre voix. Dites: Je... vais... t'ATTRAPEEEER!!!
Le succès est aussi garanti avec le petit jeu suivant:

La lune est ronde, la lune est ronde
(dessinez deux fois un cercle avec le doigt sur le ventre de bébé)
Elle a deux yeux
(dessinez deux yeux)
Un nez
(dessinez un nez)
Et... une BOUCHE!!!
(donnez un baiser sur son ventre)

Exercice de vol

La majorité des bébés trouve très agréable de voler dans les airs. Vous pouvez promener bébé dans les airs à partir du moment où il a un bon contrôle des muscles du cou et qu'il sait tenir sa tête droite. Pas besoin de partir en vacances pour vous envoler!

Prenez bébé à deux mains, à la cage thoracique et demandez-lui s'il est prêt à s'envoler dans les airs. Comptez jusqu'à trois et faites démarrer le moteur. A trois, vous soulevez bébé et vous le faites planer haut dans les airs. Augmentez encore son plaisir en expliquant ce que vous faites: *Tu es prêt? Alors, c'est parti! Et zou... Anne s'envole haut, très haut dans le ciel! Zouuuu...* Faites monter et descendre bébé. Répétez ceci un certain nombre de fois. Observez bien sa réaction.

Bébé a-t-il apprécié ou en a-t-il assez? Indépendamment du nombre de fois que vous soulevez bébé, il y a aussi le fait que l'un est un pilote de chasse par nature et qu'il trouve cela très passionnant de voler toujours plus vite et plus haut, et que l'autre préfère un planeur et apprécie davantage des mouvements plus calmes.

Pour renforcer vos propres muscles, réalisez cet exercice couché sur le dos. Couchez-vous sur le dos avec bébé sur le ventre. Pliez vos bras, prenez bébé sous les aisselles et... envolez-vous. Si bébé est grand, il faut des bras solides.

Chaussettes animées

Les chaussettes sont la suite de la marionnette. A cette période, bébé découvre ses propres mains et pieds. Les petites mains s'ouvrent et se ferment, les doigts se délient, avec souvent un regard étonné sur le visage de bébé, comme s'il venait de découvrir quelque chose. Vous remarquerez que cela peut l'occuper longtemps et de manière très intense. Les pieds aussi sont observés attentivement et, à l'opposé des adultes, bébé met ses orteils en bouche avec une étonnante facilité pour ensuite les mâchouiller avec ravissement.

Utilisez cet intérêt et aidez bébé à saisir ses pieds. Enfilez-lui des chaussettes aux couleurs gaies - mais de préférence différentes, une bleue au pied gauche et une jaune à droite - ou dessinez un visage à l'extrémité de la chaussette. Les chaussettes-poupées aident bébé à coordonner ses mouvements. Et attraper ses pieds quand ils ressemblent à des poupées est encore mille fois plus gai!

Bon à savoir: Pour pouvoir attraper ses chaussettes, bébé doit arrondir son dos. Cette cambrure du dos est un bon exercice en prévision de la position assise ultérieure. Encouragez bébé à ce type de mouvement en amenant de temps en temps ses pieds dans son champ visuel ou en chatouillant ses orteils.

Rituel du coucher

Bébé tient énormément à la régularité et à une certaine routine. Le rituel du coucher en fait partie. Il procure un sentiment de sécurité et c'est bien nécessaire après une longue journée.

Il faut rendre la période qui précède le coucher aussi détendue et agréable que possible. Donnez le bain à bébé, lisez-lui une histoire ou parlez un peu de ce qu'il a vécu pendant cette journée. Choisissez pour cela un endroit calme. Passez chez les différents membres de la famille pour qu'ils lui souhaitent bonne nuit et n'oubliez pas de prendre son jouet ou sa peluche favorite. Mettez bébé au lit, câlinez-le, chantez une berceuse et terminez le rituel par un baiser. *Si vous devez raccourcir le rituel par manque de temps, essayez de garder le même déroulement, le même ordre.*

Essayez d'inclure le nom de bébé dans la berceuse, il en sera ravi. Le texte ne doit rien avoir de compliqué. Au contraire, entendre tous les jours les mêmes phrases et les mots connus lui rappelle quelque chose de familier et bébé s'endormira tout apaisé.

Moineau, moineau se couche tôt
Hibou, hibou sort de son trou
Souris, souris rentre au logis
Chaton, chaton se met en rond
Lapin, lapin refait son coin
Serpent, serpent tourne en bâillant
Bébé, bébé tout fatigué
Cabri, cabri s'est endormi

Henri Dès

Des livres à dévorer

3 à 6 mois

Faire la lecture à bébé, ou regarder avec lui un livre d'images est une occupation fort agréable. Bébé est calme et se sent en sécurité.

Il n'est jamais trop tôt pour lire un livre à bébé. Même s'il ne comprend rien à l'histoire, il va profiter du son de votre voix. Exercez-vous à lire, à raconter des histoires, à réciter des poèmes ou des comptines. Donnez le plus d'expression possible à votre voix. Parlez très haut, très bas, très lentement... Le tout est d'oser!

Regarder des images est aussi une manière de lire. Choisissez des images que l'on reconnaît aisément. Nommez les objets que vous voyez et imitez-en le son. Quels sont les objets que bébé préfère?

Pour bébé, un livre est un jouet comme un autre. Il doit par conséquent être résistant pour pouvoir être tiré, pincé, touché, déchiré et mordu. Les livres plastifiés ou en tissu sont spécialement conçus pour des bouches de bébé et des mains qui aiment tirer.

Par ailleurs, vous pouvez très bien les réaliser vous-même en rassemblant des dépliants et des illustrés. Commencez par une série d'images très simples. Collez chacune sur du carton bien solide en recouvrant le tout avec du plastique et reliez les pages avec une ficelle. Quelques thèmes possibles: animaux domestiques, objets de la cuisine, jouets, etc.

Bébé a besoin de pouvoir déchirer et il est utile de lui réserver une pile de vieux illustrés. Laissez-le les tirer et les déchirer autant qu'il veut. Faites attention qu'il ne mange pas une page et ne prenez pas de journaux. L'encre déteint.

Essais de conversation

Si l'on parle beaucoup avec bébé et que l'on encourage son premier babil, il développera un concept linguistique dont il retirera du plaisir toute sa vie. Les jeux de questions-réponses sont une aide efficace. Ils stimulent bébé à parler et offrent des possibilités illimitées.

Imaginez des jeux de questions-réponses en imitant le bruit du chien, du chat, du cheval. Le bruit de la pluie qui tombe, le tic-tac d'une horloge ou le bourdonnement d'un moustique sont très drôles!

Quel bruit fait la sonnette ?	dringggg
Quel bruit fait le serpent?	sssss ssss
Et un baiser?	smack, smack
Et que dit... (nom du bébé)	maman, maman

Répondez quand bébé fait entendre des sons. Essayez aussi avec des sons. En faisant entendre à bébé des *hé* et des *ha,* vous l'accompagnez dans son occupation du moment. Donnez-lui le temps d'écouter et de répondre.

Plus on réagit à ses essais de parole, plus grand sera son plaisir à exercer les sons. Ces exercices peuvent prendre différentes formes: ba-biller, grogner, faire des bruits de gorge, crier, mais aussi avancer les lèvres, cracher de la salive pour faire des bulles et tirer la langue. Même lorsqu'il se trouve seul dans son lit, bébé va continuer à répéter son répertoire, car c'est toute une aventure de découvrir sa voix.

Toucher le visage

Les mains, les yeux et les oreilles ne sont pas les seules aides permettant de découvrir quelque chose. Bébé découvre aussi avec la bouche. Dès qu'il peut saisir quelque chose, il essaie de le mettre en bouche. Il reçoit ainsi une information supplémentaire.

Approchez votre visage de celui de bébé. Laissez-le toucher votre visage avec ses mains et ensuite avec sa bouche. Pour rendre la chose encore plus amusante, retroussez votre nez, gonflez les joues ou faites comme si vous essayiez d'attraper les doigts de bébé, si par hasard ils arrivent dans votre bouche. Vous allez remarquer qu'il essaie d'attraper les différentes parties de votre visage. Attention aux yeux! Il a tout touché? Amenez alors votre visage encore plus près du sien, pour qu'il puisse employer sa bouche. Laissez-le faire tranquillement.

Aérobic pour bébé

L'aérobic permet de maintenir son corps en forme et de garder sa souplesse. La leçon d'aérobic va débuter par des exercices pour les muscles des jambes, ensuite on passera à la taille, aux muscles abdominaux et dorsaux pour terminer par quelques mouvements de détente. *Retirez à bébé les vêtements raides ou serrants. Le plus agréable pour lui est de faire les exercices tout nu.*

Muscles des jambes: Mettez bébé debout, les pieds sur une surface plane. Soutenez-le avec les deux mains, au niveau de la cage thoracique. S'il y prend plaisir, laissez-le se balancer et sautiller de haut en bas. Au début, ne répétez l'exercice qu'une ou deux fois pour arriver à une durée d'environ une minute.

33

Taille: Couchez bébé sur le côté et étendez le bras sur lequel il repose le long de son oreille. Pliez vers l'avant la jambe du dessus, par-dessus l'autre jambe qui reste tendue. Bébé va rouler automatiquement sur le ventre. Répétez l'exercice, mais de l'autre côté.

Muscles dorsaux et ventraux: Couchez bébé sur son dos, sur une surface plane et tenez ses deux bras. Retenez ses pieds et tirez tout doucement pour qu'il se retrouve en position assise. Encouragez bébé à essayer de se lever lui-même. Laissez-le assis quelques instants et allongez-le ensuite. Trois fois assis et couché, c'est assez.

Détente: Gonflez un gros ballon de plage et couchez bébé dessus, sur son ventre. Tenez-le par les jambes et faites doucement un mouvement de va-et-vient, en roulant. Faites ensuite la même chose mais en ne tenant que les bras. Si vous mettez ensuite bébé au bain, il s'endormira tout content.

Jouer avec la lumière

Qu'il s'agisse de la lumière du soleil, de bougies ou de lumière artificielle, la lumière est une chose avec laquelle il est possible de jouer et dont on peut profiter. Mettez bébé sur le sol un jour d'été ensoleillé et montrez-lui comment vous attrapez la lumière avec un miroir et la réfléchissez. Approchez tout doucement la lumière réfléchie. Bébé va probablement essayer d'attraper la tache de lumière. N'oubliez pas de le récompenser de son effort.

Sortez avec bébé très tôt le matin et montrez-lui les rayons de soleil qui traversent les feuilles des arbres. Parlez-lui des fées, des elfes, des nains qui utilisent ces rais de lumière comme toboggan.

Les interrupteurs et les lampes de poche ont aussi un effet magique sur bébé. Allumez et éteignez et faites voir à bébé la différence entre la lumière et l'obscurité. Allumez la torche et faites danser les taches de lumière devant lui, c'est magique. Regardez bien ses réactions. A-t-il l'air étonné ou enthousiaste, ou les taches de lumière ne l'intéressent-elles pas encore?
Observez ensemble la lune, les étoiles, la lueur de la bougie, les phares des voitures et les lumières des maisons. Chantonnez doucement. Profitez de ces moments et gardez-les bien en mémoire.

Attention: Bébé va vouloir attraper la lampe ou la bougie! Faites en sorte qu'il n'y arrive pas.

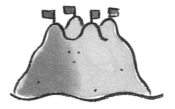

La marche à quatre pattes

A 4 mois, bébé doit encore être soutenu sous les bras, quand il est assis sur vos genoux. Avec l'âge, les muscles de son dos deviennent plus forts. Bébé contrôle mieux son corps et aura moins besoin de soutien. La marche à quatre pattes renforce ses muscles dorsaux et l'aide à porter son propre poids.

Asseyez-vous avec bébé sur le haut de vos jambes, le visage tourné vers vous. Tenez bien bébé sous les bras. Quelques rimes calmes pour commencer:

Il était un petit homme
A cheval sur un bâton
(bougez les deux jambes en même temps)
Il s'en allait à la chasse
A la chasse aux hannetons

Quand il fut sur la montagne
Il partit un coup d' canon
(écartez les jambes et laissez bébé "tomber")
Il en eut si peur tout d' même
Qu'il tomba sur ses talons
YOUP! LÀ!
(soulevez bébé dans les airs et reposez-le)

Si bébé préfère un peu plus d'action, pourquoi ne pas choisir:

Bonhomme, bonhomme, que savez-vous faire?
Savez-vous jouer de la mist' en flûte?
(bougez les deux jambes ensemble, tempo lent)
Flûte, flûte, flûte
De la mist' en FLÛTE
(accélérez le tempo)
Laire, laire, laire
De la mist' en... L'AIR
*(bougez les jambes alternativement, faites d'amples
mouvements pour que bébé soit vigoureusement balancé)*
Ah! ah! ah! que savez-vous... FAIRE?
(écartez les jambes et laissez bébé "tomber")

Jouer avec les mains

Les mains ne servent pas seulement à saisir quelque chose. On peut frapper dans les mains, faire un signe avec la main, lever les mains vers le ciel ou les poser sur sa tête. Tous ces mouvements demandent agilité et coordination.

A côté de cela, bébé doit pouvoir reconnaître et retenir ce qui lui a été demandé; car sinon, comment saura-t-il, par exemple, quel est le geste à faire pour dire au revoir?

Aidez bébé à s'exercer à faire au revoir de la main en lui prenant le bras pour faire le geste ensemble, lorsque vous vous séparez de quelqu'un ou de quelque chose. Faites au revoir à grand-mère quand vous la quittez après une visite, faites au revoir au chat quand vous allez mettre bébé au lit, faites au revoir au visiteur qui prend congé.

Prenez les bras de votre bébé et demandez-lui: "Montre un peu comme tu es grand!" Tenez ses bras bien en l'air et dites: *Siiiiii grand que ça!* Bébé sera vite très content et, après un certain temps, il voudra lui-même lever ses bras au ciel.

Chantez une petite chanson en l'accompagnant de gestes:

Frappe, frappe, frappe
Danse main droite
Frappe, frappe, frappe
Danse main gauche
Frappe, frappe, frappe
Dansent les mains

A la recherche des sons

Les bébés trouvent très agréable de faire du bruit. En frappant sur la table, par exemple. Au début, ils frappent sur la table seulement avec la main, mais dès qu'ils parviennent à attraper quelque chose - vers 5 mois -, différents objets sont aussi utilisés à cet effet. Un biberon, un bloc en bois, un récipient en plastique, ce sont là toutes sortes de choses qui font du bruit. Mais il y a plus.

• Le hochet est un véritable instrument de rythme et, quand on le secoue avec énergie, il en sort un certain bruit. Vous pouvez en fabriquer un en remplissant une bouteille en matière synthétique ou en plastique avec du riz, des macaronis, des pois ou des haricots.

• Quels sont les bruits que vous percevez dans votre environnement ou dans la maison? Quel est le bruit que fait un robinet qui coule, ou une bouilloire qui siffle? Quel est le bruit d'un train passant à grande vitesse ou d'une sonnette de vélo?

• La voix humaine est tout à fait particulière. Faites entendre à bébé les différentes possibilités de cet instrument en parlant, chantant, murmurant, grognant, toussotant ou sifflotant. Mettez-vous derrière lui de biais ou à l'angle de la porte. Regardez s'il essaie de voir d'où provient le bruit. Portez ses mains à vos lèvres et faites-lui non seulement entendre, mais aussi sentir les différents sons.

Jouer à éclabousser

Frapper sur l'eau, faire des vagues, vider des seaux, bébé va trouver tout cela formidable. Mettez bébé dans un bain pas trop plein, soutenez-le bien ou allongez-le sur un petit siège de bain et montrez-lui tout ce que l'on peut faire avec de l'eau.

Frappez sur l'eau et regardez s'il fait la même chose. Faites une petite cuvette avec la main, puisez de l'eau puis laissez-la s'écouler. Versez de l'eau sur le ventre de bébé, sur son dos et laissez courir vos mains derrière les gouttes. Donnez un gant de toilette à bébé, pour qu'il frappe sur l'eau ou pour qu'il le suçote, ou encore une éponge pour qu'il morde dedans. Montrez-lui comment faire une superbe chute d'eau avec un petit seau.

Entamez une collection de jouets de bain, avec des bacs et des bouteilles en plastique et créez une fontaine en perçant de petits trous dans le fond.

Pour terminer, une petite chanson crépitante pour accompagner les "splash" d'eau:

Il pleut, il mouille
Madame grenouille
Va t'habiller!
Coa-coa dit la grenouille
Il pleut, il mouille
Fête de grenouille!

De 6 à 9 mois

La capacité du bébé à découvrir l'environnement augmente maintenant très rapidement. Il se tient de mieux en mieux debout et voit les choses sous un autre angle. Il commence à se mouvoir d'une autre manière et éprouve beaucoup de plaisir quand vous le prenez sous les bras et que vous le faites sauter. Son monde se met en mouvement.

Cette nouvelle mobilité et cette habileté grandissante lui permettent de prendre les objets plus facilement. A cet âge, les bébés sont fascinés par leur environnement. Les objets sont tournés et retournés, déplacés, vidés, fourrés dans un endroit, ressortis et passent d'une main dans l'autre. La bouche sert à goûter et à tester si l'objet est dur ou mou, rugueux ou lisse, chaud ou froid. Tout est analysé. Il est temps de penser à installer un environnement accueillant pour l'enfant.

A côté de cet esprit de découverte, il y a le besoin de reconnaissance. Au cours de cette période, bébé va avoir une attitude de plus en plus réservée vis-à-vis des étrangers. Il commence à s'accrocher à vous et a peur de vous perdre des yeux. C'est la preuve que sa capacité à comprendre et à se souvenir grandit. Bébé commence à comprendre ce que cela signifie quand vous le quittez.

Vos essais de conversation sont couronnés de succès. Si dans la période qui précède, vous avez beaucoup parlé à bébé de manière très claire, il va maintenant réagir quand il entendra certains mots. Aussi bien son nom que des mots tels que "maman" et "papa", "biberon", "manger" résonnent comme une douce musique à ses oreilles.

Rouler

Vers 6 mois, bébé fait une découverte très intéressante. Il peut rouler de son ventre sur son dos. D'abord il va soulever les épaules et son ventre du sol. Bien en appui sur ses bras, son équilibre reste précaire parce que sa tête est encore plus lourde que le restant du corps. Quand il balance trop sa tête d'un côté, il perd l'équilibre et roule sur son dos. Vous pouvez l'y aider en l'appelant quand il s'appuie sur ses mains. Mettez-vous de biais au-dessus de lui, de sorte qu'il soit obligé de déplacer son poids pour vous voir. *A partir de ce moment, vous ne pouvez plus laisser bébé seul sur une table ou un lit.*

Le rouleau à pâtisserie. Mettez bébé sur un lit et faites-le rouler doucement avec un mouvement de va-et-vient. Ses muscles resteront souples et cet exercice stimule la circulation sanguine au niveau de la peau. Faites comme si vous faisiez de la pâte et *"mangez-le"* quand la pâte est prête.

Deux mois plus tard, après beaucoup d'efforts, bébé parvient à se tourner de son dos sur son ventre. *Il arrive maintenant à se déplacer sur d'assez grandes distances.* Encouragez-le dès les premières tentatives en plaçant un objet apprécié hors de portée immédiate de sa main, son jouet favori par exemple, une peluche ou son biberon. Il devra faire de son mieux pour l'atteindre.

Saisir un objet: tout un art

Avec les mois qui passent, bébé développe son habileté. Les yeux et les mains s'accordent parfaitement et saisir quelque chose ne pose plus aucun problème. La coordination entre les deux mains progresse par bonds.

Alors qu'il y a peu, lorsque vous présentiez quelque chose de neuf à bébé, il le laissait d'abord tomber, maintenant il parvient à passer le jouet d'une main dans l'autre.

En lui présentant d'abord un jouet puis, immédiatement après, un second, vous arriverez à déterminer à quel point bébé maîtrise la capacité de saisir un objet. Il existe une foule d'objets qui conviennent: sous-verre, boîte vide, jouet mou, cube, à condition qu'ils soient suffisamment légers pour que bébé puisse les saisir à une main.

Quand bébé maîtrise tout à fait cette capacité, vous pouvez essayer ce qui suit. Tendez-lui un troisième objet au moment où il a les deux mains pleines. Comment va-t-il résoudre ce problème?
Solutions possibles: bébé laisse tomber un (ou les deux) objet(s) qu'il tenait en main pour saisir le troisième; il essaie de tenir deux objets dans une main; il glisse un des objets sous son bras, etc.

Les secrets de cuisine

Des pots, des casseroles, des couvercles et de simples cuillères: avec cela, bébé peut jouer des heures. Pour assouvir son besoin de faire du bruit, donnez-lui un couvercle, une poêle et une cuillère pour frapper dessus. Néanmoins, pour garder le bruit dans des limites tolérables, il est sage de choisir une cuillère en bois.

Pour stimuler l'esprit de découverte de bébé, placez dans ses environs une casserole avec l'ouverture tournée vers le bas. Encouragez-le à retourner la casserole, pour qu'il puisse y déposer des choses et les en sortir. Donnez à votre bébé un couvercle et montrez-lui que le couvercle s'adapte parfaitement à la casserole. *Regarde, maintenant elle est fermée. Mais où est passé nounours?* Le fait d'adapter des couvercles n'est pas seulement agréable et utile, mais stimule la concentration et l'attention de bébé. Deux choses dont il aura bien besoin plus tard.

Pour éviter que bébé ne vide systématiquement toutes les armoires, vous pouvez lui attribuer sa propre armoire. Remplissez-la avec ses petits pots et bacs. Il y trouvera autant de plaisir et vous pourrez continuer à cuisiner tranquillement. Apprenez-lui aussi à ranger ses affaires.

Les bonnes manières à table

Prendre le repas ensemble, à table, rend ce moment très agréable et la nourriture devient quelque chose d'attrayant si bébé peut manger seul. Coupez le pain, le fruit, le fromage ou la garniture en petits morceaux et placez-les devant lui. Les légumes, le riz, les pâtes peuvent également être servis en petits morceaux. Les aliments coupés et servis séparément sont non seulement plus attrayants, mais également meilleurs. Bébé apprend ainsi à différencier les plats, ce qui développe le goût. Encouragez-le à se servir de ses doigts.

Ne pas oublier la cuillère s'il y a de la purée au menu. Donnez à bébé le temps et l'espace nécessaires pour s'exercer. Si besoin est, attachez-lui une très grande serviette sous le menton ou placez quelque chose sous sa chaise.

Pour être certain que tout soit mangé, vous pouvez, en plus des phrases habituelles: *Une cuillère pour grand-père, une cuillère pour papa, une cuillère pour le chat...*, imiter le vrombissement d'un avion ou le bruit du train qui entre en gare. Dans ce cas, la bouche de bébé est la gare ou le hangar. Une petite chanson fait aussi merveille.

> J'ai mangé tout un mouton
> J'ai dévoré un cochon
> Une chatte et ses chatons
> Une poule et un dindon
> Un poireau, un potiron
> Une orange et un oignon
> C'est vrai, je te le jure!
> Mais en pâte d'amandes, bien sûr!

Déguisements

Transformer un visage familier en quelque chose de différent et d'inconnu est une expérience passionnante pour bébé. Mettez des lunettes ou un nez de clown et bébé vous regardera avec étonnement. Est-ce bien vous qu'il voit là? Plus vous modifiez votre aspect, plus il vous trouvera étrange.

Laissez bébé vous regarder déguisé avec vos lunettes de soleil ou votre nez rouge. Continuez à lui parler et regardez comment il réagit. S'il éprouve du plaisir ou s'il ne paraît pas effrayé, vous pouvez encore augmenter la tension en changeant votre voix. Après un certain temps, retirez vos lunettes ou votre nez rouge et montrez-lui que la maman ou le papa qu'il connaît était bien là. Sans oublier le baiser de récompense.

Vous pouvez aussi déguiser bébé. Mettez-lui un chapeau ou un bonnet, faites-lui une coiffure avec de la mousse de bain ou colorez gaiement son nez. Tenez un miroir devant son visage et laissez-le s'admirer. Demandez-lui ce qu'il voit. *Qui est ce petit bonhomme, là, dans le miroir? Qu'est-ce qu'il a sur la tête?*

Faire des bulles

Faire des bulles de savon avec bébé est un véritable amusement. Choisissez un jour bien ensoleillé et les bulles prendront de jolies couleurs.

Essayez de faire de grosses et de petites bulles et demandez à bébé d'essayer de les prendre avec les mains. Regardez sa réaction quand la bulle est hors d'atteinte ou éclate devant son nez. Soufflez les bulles à un rythme lent pour que bébé puisse se concentrer sur la bulle qui arrive et applaudissez quand il réussit. Si son attention se relâche, vous pouvez passer à un autre rythme. *Ayez une serviette humide à portée de main au cas où bébé voudrait frotter ses yeux avec les mains pleines de savon.*

Faire des bulles dans un bain est aussi facile. En mélangeant un peu d'huile pour bébé à l'eau du bain, vous pourrez construire un château de bulles qui le ravira.

La toilette

Bébé n'aime pas quand on lui nettoie la bouche, le nez ou les oreilles? Donnez-lui un gant de toilette et laissez-le faire lui-même. Commencez par lui essuyer la bouche après le repas avec un linge humide et demandez-lui s'il veut vous faire la même chose. Annoncez ensuite: *Maintenant, c'est le tour de maman.* Aidez-le et laissez-le nettoyer votre visage autant qu'il veut.

Dès qu'il maîtrisera cela, vous pouvez passer au jeu suivant. Lorsque vous voulez lui nettoyer le visage et la tête, passez d'abord un gant sur votre propre visage. Chantez les vers suivants:

Je fais un bonhomme
Un bonhomme tout propre, tout beau
Ses joues comme des pommes
Son menton très rigolo .
Sa bouche terminée
Ses yeux bien fermés
Son nez en boule de loto
Ses oreilles bien lavées
Et ses cheveux sous son chapeau

Invitez bébé à se laver lui-même au rythme de cette comptine.

Souvenirs

Le premier sourire, les premiers mots, les premiers pas chancelants, vous ne les oublierez jamais. Mais parfois votre mémoire fera défaut et il sera nécessaire de la rafraîchir. Les journaux, les cassettes audio, les vidéos et le journal de bébé peuvent vous aider à retrouver des souvenirs. Il y a aussi d'autres possibilités.

Enduisez les doigts de bébé avec de la gouache et vous obtiendrez une empreinte colorée de ses doigts et de sa main. Vous aurez ainsi un tableau tout à fait original et, pourquoi pas, des cartes de vœux personnalisées. Et tous ceux qui connaissent votre enfant seront ravis de recevoir une carte de vœux unique. Constituez un calendrier avec des empreintes de pieds, de couleurs différentes, sur lequel vous noterez au fur et à mesure les événements heureux et tristes.

Pour avoir une idée de l'évolution corporelle de bébé, dessinez des silhouettes de son corps en faisant un tracé tout autour de lui. Couchez-le sur le dos, sur un grand papier et contournez son corps, ses bras et ses jambes avec un crayon épais. Si vous faites cela plusieurs fois par an, vous pourrez comparer les dessins au bout d'une année et constater son évolution.

La tour de Pise

Montrez à bébé tout ce que l'on peut réaliser avec des blocs. Il sait maintenant tenir lui-même un bloc dans chaque main, il peut les changer de main, les frapper l'un contre l'autre ou les faire tomber délibérément.

Réalisez un serpent avec les blocs en les alignant sur une longue rangée. Groupez-les par couleur, par taille, par ordre croissant ou décroissant, ou mélangez-les. Attention: peut-être que bébé a envie de faire tout autre chose avec les blocs, comme les frapper ou les empiler. Laissez-le faire!

Réaliser une construction est une activité qui ne se développera que plus tard. On peut bien sûr lui montrer. Construisez une tour très haute et demandez à bébé de la renverser. Faites comme si vous aviez peur. Il en éprouvera un plaisir sans fin.

C'est une grande tour qui monte, qui monte
Encore un tour, misère, misère!
La tour s'écroule, croule, croule
Et les cubes roulent, boulent, boum!

Jeu de cache-cache

Quand on recouvre son jouet favori avec un linge et qu'on le fait disparaître à un moment où il ne s'en rend pas compte, bébé sera très étonné de constater qu'il n'y a plus rien sous le drap. A l'opposé de ce qui se passait il y a quelques mois, bébé se souvient maintenant que quelque chose se trouvait en dessous. Sa mémoire s'est développée, il se mettra activement à la recherche de ce qui a disparu.

Commencez par une disparition simple. Pendant que bébé regarde, mettez une serviette sur quelque chose qu'il aime ou qu'il trouve beau. Demandez ensuite: *Mais où est...* et récompensez bébé d'un: *Bravo!* quand il l'a retrouvé.

Mais le plus amusant, c'est quand vous vous cachez! Quand bébé vous regarde, cachez-vous derrière son lit, une chaise, un rideau ou le dos d'une autre personne. Est-ce qu'il continue à regarder l'endroit où vous vous trouviez? Essaie-t-il de vous retrouver? Sinon, appelez-le par son nom. Réapparaissez et faites: "Coucou!" Dès que bébé aura compris ce que vous allez faire et qu'il regarde déjà l'endroit où vous allez disparaître, adaptez votre stratégie et cachez-vous quand il ne le remarque pas. Peu importe comment vous procédez, bébé a bien droit à un gros baiser quand le jeu est terminé.

Le miroir

Un miroir a quelque chose de magique. Il montre des visages déformés, permet de voir ses propres oreilles ou de regarder si l'image du miroir fait la même chose que soi. Bébé trouve cela aussi extrêmement passionnant et intéressant.

Prenez bébé dans les bras et regardez-vous ensemble dans le miroir. Souriez et demandez: *Qui est ce petit bonhomme?* Et donnez vous-même la réponse. Faites bonjour au miroir et dites: *Regarde, c'est Jérôme! Et ça, c'est maman!* Bébé tourne la tête vers vous, il est attiré par ce qu'il voit dans le miroir? Veut-il toucher le miroir? Prenez les doigts de bébé et passez-les sur les traits des visages reflétés par le miroir. Courez ensuite ensemble vers le miroir et disparaissez du champ du miroir. Revenez ensuite pour que bébé puisse se voir à nouveau. Racontez tout ce que vous voyez.

Variante: En tirant la langue au miroir, en fronçant les sourcils, en faisant différents mouvements avec la bouche, bébé va très vite apprendre qu'un visage peut avoir beaucoup d'expressions différentes, qu'il peut exprimer la joie, la tristesse, la colère, les soucis...

Entendre, voir et comprendre

Si vous avez beaucoup parlé avec bébé pendant la période précédente, il va commencer à comprendre certains mots. Posez-lui des questions telles que: *Où est le petit lit de Delphine? Où est la balle?* Bien que bébé ne sache pas encore indiquer les choses, il va montrer qu'il comprend en les regardant. Renforcez sa compréhension, en allant vers les choses que vous venez de nommer et en disant: *Oui, c'est bien le lit de Delphine* ou *Ah, voilà la balle.* De cette manière, bébé saura qu'il a bien compris votre question. Soyez aussi attentif à l'ouïe de bébé qu'à sa vue. Est-ce qu'il entend le train qui passe, la voiture de sa maman, le chien des voisins? Là aussi, il est important de souligner sa réaction. *Oui, c'est Max qui aboie. Il doit avoir faim.*

Ces petites conversations doivent toujours être très proches de l'environnement de bébé. Racontez-lui ce que vous allez faire, parlez-lui de ce qu'il peut voir, entendre, sentir ou toucher. C'est en entendant souvent les mêmes mots qu'il apprendra à les comprendre.

Découvrir les animaux

Bébé aime tout ce qui bouge et les animaux l'attirent énormément. Leur couleur, leur odeur, leur mouvement éveillent son attention et son intérêt. Si vous n'avez pas d'animal domestique, essayez d'en trouver dans vos environs. L'âne d'une ferme, le lapin du voisin, les oiseaux du parc, sans oublier les plus petits animaux.

• Feuilletez un album contenant des images ou des photos d'animaux. Présentez-les à bébé, imitez leur cri.

• Lisez une histoire parlant d'un ver de terre. Cherchez un exemplaire vivant ou faites-en un dessin. Racontez à bébé qu'un ver de terre n'a ni bras ni jambes, qu'il avance en rampant. Montrez-lui comment il fait.

• Demandez à bébé: *Que fait le canard?* Donnez-lui un livre ou un disque avec des histoires de canards. Allez près d'un étang pour nourrir les canards.

• Maintenant que bébé ne met plus systématiquement tout en bouche, vous pouvez déposer un canard à côté de lui et le lui faire caresser.

• Rassemblez tous les animaux en peluche dans une grande caisse et asseyez-vous par terre à côté de bébé. Sortez les animaux un à un de la boîte, nommez-les, imitez leur bruit et montrez qu'ils volent, nagent, marchent ou rampent. *Regarde, un mouton. Il a quatre pattes et une toison bien chaude. Sais-tu comment fait le mouton? Bêêêê... Essaie un peu...*

Ritournelles

Bébé aime bouger, être en mouvement. Les petits trajets améliorent son sens de l'équilibre et, de plus, ils développent les muscles des jambes.

Allez vous asseoir sur une chaise droite, croisez vos jambes et déposez bébé sur votre cheville. Tenez-le fermement – même s'il a le sens de l'équilibre – par les avant-bras ou par les mains. Balancez la jambe du dessous d'avant en arrière. Comme il y a beaucoup de chances que vous attrapiez très vite une crampe, il est bon de changer de temps en temps de jambe.

> Hop, hop sur le cheval de grand-papa
> Qui a tellement mangé de blé
> Que son nez est tout grêlé!

Variante: Couchez-vous sur le sol, les genoux repliés sur le ventre. Tournez bébé sur le ventre et déposez-le sur le bas des jambes. Tenez-le comme pour le jeu précédent par les avant-bras ou par les mains. Faites un mouvement tournant, bébé aura l'impression de flotter dans les airs.

Des peintures à toucher

Emmenez souvent bébé en promenade et montrez-lui comment la nature est faite. Faites-lui sentir la surface rugueuse de l'écorce, le velouté d'un pétale de rose, les grains de sable, les coquillages sur la plage et nommez tout ce qu'il touche (dur, doux, chaud, froid, rêche, lisse).

Décorez la chambre de bébé avec des peintures qu'il peut toucher. Dessinez un grand poisson, recouvrez-le d'une bonne couche de colle et garnissez-le de coquillages et de sable. Faites un collage nature, en collant sur une grande plaque de carton tout ce que vous avez ramassé dans le bois. Renouvelez le collage après un certain temps, car ce que vous ramassez dans le bois en été est différent de ce qui s'y trouve en automne.

Vous pouvez aussi réaliser un livre à toucher. Découpez une grande quantité de cartons, d'environ 13 cm sur 18 chacun, et collez un objet sur chaque page. Ne vous limitez pas à la nature. Vous pouvez également coller des morceaux de soie, de fourrure, de papier émeri, du lin, ou une fermeture éclair. *L'important est que bébé perçoive les différences au toucher.* Percez un petit trou dans les pages en carton et attachez-les ensemble avec une cordelette.

De 9 à 12 mois

Vers la fin de sa première année, bébé a déjà franchi pas mal d'étapes. Il fait la différence entre la tête de nounours et une tasse de thé et peut les saisir s'il le désire. Il reconnaît la voix humaine et recherche l'origine des sons. Il est très intéressé par les détails et veut absolument vous imiter dans tout ce que vous faites.

Pendant cette période, bébé a un énorme besoin de liberté de mouvement. Il part à la découverte de son espace. Il rampe, marche à quatre pattes, s'accroche à tout ce qu'il voit pour se redresser, escalade l'escalier, fait ses premiers pas chancelants. Tout ceci à une seule condition: se sentir en sécurité et en confiance.

Répéter est une activité que bébé apprécie beaucoup. Heureusement, il fait très vite comprendre quand il en a assez et qu'il veut s'arrêter.

La préhension entre le pouce et l'index, qui est typique de l'homme, est totalement maîtrisée. Ce qui signifie que bébé est capable de saisir la plus petite miette.

Son intérêt pour tout ce que les autres personnes font autour de lui et son désir de les imiter en font un membre actif de la famille, toujours prêt à venir donner un coup de main. Il se fera un plaisir de frotter les vitres, remplira les coupes de fruits – pour les vider ensuite – ou nettoiera le sol de la salle de bains.

Un bébé de 11 mois arrive déjà à raconter pas mal de choses. Hélas, vous en comprendrez très peu. Les sons, les intonations et la mélodie ressemblent chaque jour davantage à ce que bébé entend dire. Bien que ce soit un bon début, les premiers "vrais" mots de bébé se feront encore attendre un peu.

Les gestes qui parlent

Bébé n'apprend pas seulement par les mots, mais aussi par les gestes. En réalité, on fait ces gestes depuis le début, sans s'en rendre compte, dès que l'on s'occupe de bébé. Quand on lui donne à manger, on lui présente la cuillère en disant: *Et voilà une cuillère pour toi, hop!* et notre bouche fait automatiquement le mouvement. *On laisse entrer Quentin? Bonjour, Quentin* et automatiquement la main se tend. Lorsque bébé aura vu le geste plusieurs fois, il le fera probablement sans que vous le lui montriez. *Frappe dans tes mains. Donne un baiser à papy. Montre comme Delphine est grande!*

Les gestes simples sont bien assimilés? Alors il est temps de passer à des jeux de mains un tantinet plus compliqués.

Tiens, voilà mes deux mains!
(lever les mains, poings fermés)
Dans ma main droite
Il n'y a rien!
(déplier les doigts de la main droite)
Dans ma main gauche
Quelque chose!
Qu'y a-t-il dans ma main gauche?
Un marron?
Un bouchon?
Un bouton?
Un boulon?
Non! non! non...
Un bonbon tout rond!
(déplier les doigts de la main gauche)

Des jouets pour bricoler

Un mouvement aussi simple que mettre un objet dans une boîte peut occuper bébé pendant un temps infini. L'aspect du jouet n'a que peu d'importance. Ce qui compte, c'est que bébé réussisse à en tirer parti.

Fabriquez une boîte aux lettres en perçant une fente dans le couvercle d'une boîte à chaussures. Les cartes de vacances sont très solides et supportent bien d'être postées de nombreuses fois.

Bébé trouve très amusant de pouvoir défaire les choses, mais reconstituer est nettement plus difficile. Retirer les anneaux en plastique de la tour est facile, mais les réenfiler, c'est une autre histoire. Bébé enlève de petits personnages de leur emplacement mais a besoin de votre aide pour les y remettre. Ne perdez pas patience et continuez à lui montrer, bientôt il saura le faire tout seul.

Il est agréable d'observer comment les choses se déroulent. Les portes, les couvercles, les boutons et les sonnettes ont sa préférence. Qu'en appuyant sur un interrupteur, la chambre s'éclaire est une véritable découverte pour bébé. Ouvrir une boîte pour la refermer aussitôt et répéter cela sans se lasser constitue aussi une expérience passionnante pour bébé. *Le temps est venu pour lui de connaître quelques règles de la maison.* C'est ainsi qu'il apprendra qu'il ne doit pas toucher au réfrigérateur, ni aux boutons de la cuisinière...

Cachette pour petits doigts

Bébé ne saisit plus les petits objets avec toute la main, mais il les serre entre le pouce et l'index. Ce qui est une belle prestation en soi et lui permet de s'emparer de très petits objets. Or bébé est dans une période où ce sont surtout les détails qui l'intéressent.

Attirez l'attention de bébé sur de petits détails, un trou dans le mur, un petit bouton, un fil sur un pull et donnez-lui bien le temps de découvrir ce dont il s'agit. Découpez sa tartine en petits morceaux pour qu'il puisse les saisir entre le pouce et l'index.

Les trous sont des cachettes de prédilection pour les doigts de bébé. Si vous mettez le goulot d'une bouteille ouverte devant lui, il s'amusera à y glisser le doigt. Prenez le temps de le laisser faire, car il aime répéter le geste. Bébé vous fera bien comprendre quand il n'en a plus envie. Essayez ensuite le même jeu avec une boîte à chaussures. Découpez environ cinq trous dans le fond de la boîte et retournez-la. Laissez bébé mener lui-même son expérience. Si vous attrapez ses doigts de l'autre côté, son plaisir n'en sera que plus grand.

Variante: Réalisez un cube en carton ou en bois et percez des trous dans le couvercle. Bébé pourra y glisser toutes sortes d'objets par les trous.

Le lièvre et la tortue

Il est grand temps, maintenant, de préparer un environnement sans danger pour bébé. Comme il pousse plus fort sur ses mains et sur ses bras que sur ses genoux, à son grand étonnement, il va souvent partir en arrière.

Mettez bébé sur ses genoux et ses mains et allez vous asseoir à une petite distance de lui. Tendez les bras et appelez-le.

• Ramper dans une boîte en carton vide, c'est une véritable aventure. Pour rendre la chose encore plus passionnante, fabriquez un couloir dans la boîte. Rampez dedans et encouragez bébé à vous suivre.

• Mettez-vous à quatre pattes, arrondissez le dos pour former un pont et demandez à bébé de passer en dessous de vous.

• Organisez une course à quatre pattes avec bébé et terminez le jeu en donnant un gros baiser au vainqueur.

• Certains bébés ne passent pas par le stade de la marche à quatre pattes, ou ne rampent pas. Mais ils n'auront pas de problèmes pour l'apprendre plus tard. Si bébé ne rampe pas, c'est qu'il a trouvé une autre manière de se mouvoir qui lui convient mieux.

Roule, roule, petite boule

Des balles colorées et des jouets qui roulent en tous sens sont passionnants pour bébé. Il va vouloir les faire rouler plus loin, courir derrière pour les attraper, ou même rouler dessus. A côté des animaux sur roulettes, des trotteurs sous forme de camions ou d'autos de toutes tailles, et des balles transparentes contenant des objets que l'on trouve dans le commerce, on peut réaliser soi-même des jouets roulants. Découpez la partie supérieure et inférieure d'une bouteille en plastique, pour ne garder qu'un cylindre. Remplissez le cylindre avec des objets colorés qui font du bruit, et fermez bien les deux extrémités. *(Attention aux bords tranchants!)* Donnez à bébé assez d'espace pour expérimenter son nouveau jouet.

Bien sûr, il préfère quand on joue à plusieurs. Asseyez-vous en face de bébé sur le sol et faites rouler la balle vers lui. Vous pouvez aussi cacher la balle derrière une armoire ou un coussin et lui demander de la chercher. Même s'il ne réussit pas à renvoyer la balle ou à la trouver, l'effort qu'il a fait mérite une récompense!

Les comptines

Le babillage de bébé ressemble de plus en plus à la langue qu'il entend parler tous les jours. Il arrive à combiner les sons et les syllabes, ce qui donne l'impression qu'il dit des phrases compliquées. Il se tient de longues conversations et se raconte des histoires pleines de mots incompréhensibles. A ce stade, parler à bébé reste toujours la meilleure manière de l'encourager à parler.

Les comptines illustrées par des mouvements se rapprochent des sons que bébé produit. Essayez d'accompagner les comptines de gestes que vous inventez au fur et à mesure.

Employez vos doigts et dites:

> Toc, toc, toc,
> Monsieur Pouce es-tu là?
> Chut, je dors!
> Monsieur Pouce es-tu là?
> Je ne sors pas!
> Monsieur Pouce es-tu là?
> Hop je sors!

Avec deux pouces:

> Petits pouces ont peur du loup *(pouces cachés)*
> Courent par-ci! sautent par-là ! *(pouces sortis)*
> Hou hou! Voici le loup!
> Cachez-vous! *(pouces rentrés)*

Bébé commence à répéter? Le bébé des voisins a déjà dit son premier mot à dix ou onze mois et le vôtre ne dit toujours rien? Inutile de vous tracasser, la majorité des bébés ne commence à parler que bien plus tard. Dans moins d'un an, vous n'arriverez plus à le faire taire.

Le maître de l'escalade

Dès que bébé sait grimper, l'escalier devient hyper-tentant. Bébé devient un véritable acrobate; malheureusement, il apprend plus vite à monter l'escalier qu'à le descendre.

Exercez-vous avec bébé, en restant derrière lui quand il se hisse de marche en marche. Attrapez-le quand il est arrivé sur la dernière marche, descendez-le et laissez-le remonter encore une fois.

Apprenez-lui à descendre l'escalier en marche arrière, son ventre tourné vers les marches, les pieds en avant. Ce n'est pas une mince affaire pour lui! Ne le laissez pas descendre sans surveillance.

Placez une petite barrière au bas de l'escalier. Car bébé ne saura résister à la tentation de monter l'escalier tout seul. Pour lui donner suffisamment d'espace pour s'exercer, la barrière peut être placée sur la troisième ou quatrième marche. *Attention... bébé n'est pas seulement attiré par le simple fait de monter l'escalier, et une barrière placée en haut de celui-ci n'est pas un luxe.*

Exercice supplémentaire: Couchez-vous sur le sol et laissez bébé monter et descendre sur vous. Moins drôle, mais pourtant un très bon exercice, l'escalade d'une pile de coussins. Pour la rendre plus stable, glissez une boîte en carton remplie de journaux en dessous.

Regarder des photos

Voici le moment de feuilleter l'album de photos que vous aurez réalisé pour bébé, car ce dernier est maintenant capable de reconnaître des personnes ou des objets familiers. Installez-vous calmement avec lui, débranchez le téléphone et prenez-le sur vos genoux. Feuilletez l'album et expliquez à chaque fois ce que vous voyez. Posez des questions et demandez-lui de montrer papa, maman, grand-père et grand-mère.

Essayez de faire participer les frères et sœurs. Présentez-les comme les héros de l'histoire: *Regarde, c'est Olivier qui court derrière le chat, et là c'est maman qui nettoie la voiture...* Les frères et sœurs se sentent parfois un peu perturbés par l'arrivée de bébé. En les valorisant de temps en temps, vous leur donnez l'attention dont ils ont besoin. Soyez certains qu'ils écoutent ce que vous racontez à bébé.

Conseil: Faites développer les photos de bébé directement en double exemplaire et donnez-en quelques-unes aux autres enfants. Ils pourront composer leur album de photos personnel et donner autant de place à eux-mêmes qu'à leur nouveau petit frère ou nouvelle petite sœur.

Où se trouve ton... ?

Les mots ne sont pas toujours nécessaires pour se faire comprendre. En désignant l'objet d'une certaine manière, on arrive à montrer qu'on désire l'avoir. Faites savoir à bébé que vous le comprenez quand il montre quelque chose. *Ah, c'est ce jouet que tu veux avoir? Attends, je vais te le donner...*

Posez aussi à bébé des questions auxquelles il est capable de répondre, sur votre visage, sur le sien, ou le visage de son jouet préféré.

> *Montre un peu ton nez?* C'est bien.
> *Et celui de papa, où est-il?* Super!
> *Et maman, elle a aussi un nez?*

Non seulement il apprend à donner une réponse, mais il apprend aussi que tout le monde n'a pas exactement le même nez. Si, pendant les premiers mois, vous lui avez beaucoup parlé de son corps, il comprendra vite les questions. Et sa réaction positive à votre question le remplira d'un sentiment de fierté, qui le poussera à vouloir continuer ce petit jeu.

Jeu d'échange

Dès que bébé aura appris à lâcher les choses, il trouvera très agréable de jouer à des jeux d'échange. Bébé vous donne quelque chose, pour le reprendre ensuite. Des aliments, par exemple. Demandez-lui si vous pouvez en avoir une bouchée. *Mmmm, tu me donnes un morceau de ta banane?* Goûtez-le en faisant des gestes et rendez-le-lui. *Que c'est bon. Tiens, le reste est pour toi.* Si vous êtes très convaincant, bébé trouvera le jeu très amusant. Il n'en aura jamais assez et continuera à vous présenter le morceau de banane.

Il est bien sûr possible de jouer à ce jeu avec autre chose que des aliments et également avec d'autres personnes, ce qui permet à bébé d'apprendre à jouer avec un groupe. Les autres joueurs doivent être des personnes familières pour bébé. Car, sinon, il y a peu de chances que bébé leur donne quelque chose.

Prenez bébé sur vos genoux. Allez vous asseoir avec trois ou quatre autres personnes et passez-leur un objet. Cela peut être n'importe quoi à condition que bébé puisse tenir l'objet en main et le trouve attirant. Ne passez pas toujours l'objet dans le même sens, changez parfois de côté. Observez bien la réaction de bébé. Est-ce qu'il comprend qu'on attend quelque chose d'autre de lui? Est-il prêt à donner quelque chose à une personne qu'il connaît moins bien?

Imiter, c'est participer

Bébé arrive dans une phase où il va vouloir tout imiter. Cela provient de son intérêt grandissant pour ce que les gens autour de lui font et aussi du fait qu'il est plus mobile et plus habile, ce qui permet de faire beaucoup plus de choses. Les petits travaux dans et autour de la maison conviennent bien au jeu d'imitation. Choisissez des activités que vous trouvez amusantes. Ainsi vous ne serez pas ennuyé si cela va plus lentement que d'habitude.

A l'intérieur: Donnez à bébé un torchon ou un linge et passez avec lui le long des armoires, laissez-le balayer, ranger, sortir les oranges du sac, ouvrir et fermer les armoires. *(Attention aux armoires contenant des produits d'entretien ou des médicaments. Placez-les en hauteur et fermez-les soigneusement.)* Faites cuire une tarte et donnez un bout de pâte à bébé pour qu'il la pétrisse longuement.

A l'extérieur de la maison: Jouer avec de l'eau, nettoyer les fenêtres, tout cela ravit bébé. Ou imiter papa, planter des fleurs ou arroser.

Les courses: Vous accompagner au magasin, pouvoir porter un achat, le déposer dans le chariot ou, comble du bonheur, pouvoir le déballer. Car ce qui pour vous est un travail, voire une corvée, est jeu pour bébé. En vous imitant, il apprend à comprendre comment fonctionne le monde qui l'entoure.

Bébé dévore les livres

Un bébé ne naît pas grand lecteur, mais il le devient. Au début, bébé se contente de regarder et de montrer, puis très vite il vous imite; il "lit" le livre à haute voix, tourne les pages en tenant probablement le livre à l'envers.

Les livres que bébé trouve les plus amusants sont ceux qui racontent tout ce qu'il vit lui-même. Boire et manger, par exemple, ou encore s'habiller. Mettez-vous à côté de bébé, assis par terre, et tenez le livre de manière qu'il voie bien les images. Montrez-les-lui et racontez-lui l'histoire. *Regarde, ce petit enfant mange sa purée, tout comme toi. Oh, son assiette est tombée! Regarde qui arrive là... c'est le chat!* Bébé sait peut-être déjà montrer certaines choses.

Pour les bébés un peu plus grands, il existe des livres où sont cachées toutes sortes de choses – souvent des animaux. Un chien derrière la porte ou sous un lit, par exemple. Pour voir le chien, bébé doit ouvrir la porte de l'armoire ou soulever la couverture. Ces livres aident à comprendre des notions telles que *dans, sur, en dessous, derrière, devant,* et bébé éprouvera un immense plaisir à regarder et à jouer. Choisissez un livre bien solide!

Conseil: Pour réaliser un livre, voir "Des livres à dévorer".

Tomber et se relever

Vers 11 mois, bébé arrive à s'accrocher aux montants de son lit pour se mettre debout. Parfois, c'est sur vous qu'il cherche appui. Bébé se hisse debout en s'accrochant à vos vêtements et se tient triomphalement en équilibre en s'agrippant à vous de toutes ses forces. Il n'y a qu'un seul problème: *il ne sait pas comment faire pour s'asseoir!* Mais cela va suivre très rapidement. Un bon mois après que bébé s'est mis debout pour la première fois, il arrivera à avancer en s'accrochant de meuble en meuble. Bébé fait ses premiers pas.

La faculté de se tenir debout ou de marcher dépend des muscles, de la coordination et de la confiance en soi. Il ne faut pas mettre un bébé debout ou le faire marcher s'il n'en est pas encore capable seul. Par contre, vous pouvez lui donner confiance en lui. Retirez chaises et tables pour que bébé ait l'occasion de se hisser debout sans danger. N'oubliez pas le danger qui vient d'en haut: *une nappe dont les pans dépassent, avec dessus une cafetière ou une théière pleine peuvent blesser bébé et laisser des séquelles à vie!*

Quand bébé est arrivé au stade où il a fait ses premiers pas, un trotteur ou un chariot à pousser peuvent l'aider. Attention à la stabilité de l'engin; évitez un trotteur qui se renverse constamment car finalement bébé ne prendra plus aucun plaisir à marcher, risque de se décourager et d'abandonner ses essais pendant un temps.

L'orchestre

Un bébé musicien réagit dès qu'il entend les premières notes de sa musique préférée. Il imprime un mouvement de balancier au haut de son corps et étend ses jambes au rythme de la musique. Encouragez-le quand vous le voyez réagir ainsi et accompagnez-le. C'est cela qu'il trouvera le plus amusant.

Ecouter de la musique est une chose, en faire en est une autre. Des tambours à base de cannettes et des bâtons de bois sont de parfaits instruments pour bébés musiciens débutants. Le son du triangle est très pur et bébé arrive déjà à souffler. Donnez-lui une simple flûte et montrez-lui comment faire pour en sortir un son. Quand il aura réussi, vous êtes prêts à former un orchestre.

Frère Jacques, frère Jacques
Dormez-vous? Dormez-vous?
Sonnez les matines, sonnez les matines
Ding, ding, dong! Ding, ding, dong!

L'art dans tout son éclat

Un gros crayon, un marqueur à pointe épaisse et un gros tas de feuilles pour griffonner dessus. C'est en voyant les autres écrire, dessiner ou peindre que bébé voudra aussi s'y mettre. Donnez-lui cette possibilité. Tenez-lui la main et dessinez ensemble une voiture, un visage, un animal. Montrez-lui comment faire pour obtenir un dessin sur papier. Quand il va s'y mettre, n'espérez pas voir apparaître de vrais dessins. Pour le moment, il va se limiter à des "gribouillages". Mais avec quel plaisir!

Peindre avec les doigts. Disposez devant bébé trois à quatre godets remplis de peinture pour peindre au doigt. Trempez d'abord vos doigts dans le godet et dessinez quelque chose que bébé va reconnaître. A-t-il envie d'en faire autant ou bien n'aime-t-il pas avoir les doigts sales?

Conseil: Datez chacun des chefs-d'œuvre de bébé, pour pouvoir les regarder plus tard et suivre son évolution.

Cette édition par: Chantecler, Belgique-France
Auteur: Nel Warnars-Kleverlaan
Traduction française: M. Lesceux
D-MCMXCVII-0001-96